AF391363

QUATRE PORTRAITS

De l'Atelier de

J.-M. NATTIER

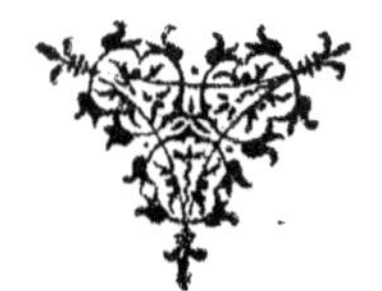

CATALOGUE

DE

QUATRE TABLEAUX

DE L'ATELIER DE

J.-M. NATTIER

Portraits des Filles de France

DONT LA VENTE AUX ENCHÈRES PUBLIQUES

Par suite du décès de **M. X...**

AURA LIEU A PARIS

HOTEL DROUOT, Salle N° 4

Le Samedi 19 Avril 1913

à 4 heures

COMMISSAIRES-PRISEURS

Me F. LAIR-DUBREUIL | **Me R. BIGNON**
6, rue Favart, 6 | 41, rue de la Victoire, 41

EXPERT

M. GEORGES SORTAIS, *Peintre*

EXPERT PRÈS LE TRIBUNAL CIVIL DE LA SEINE

11, rue Scribe, 11

EXPOSITIONS

PARTICULIÈRE : *Le Vendredi 18 Avril 1913, de 1 h. 1/2 à 6 heures.*

PUBLIQUE : *Le Samedi 19 Avril 1913 (jour de la vente), de 1 h. 1/2 à 4 heures*

CONDITIONS DE LA VENTE

Elle sera faite au comptant.

Les adjudicataires payeront *dix pour cent* en sus des enchères.

Paris. — Imp. Georges Petit, 12, rue Godot-de-Mauroi. — 22960-13

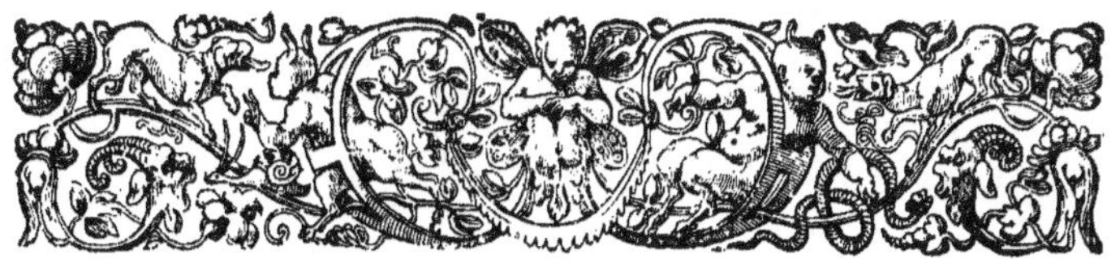

DÉSIGNATION

ATELIER

DE

Jean-Marc NATTIER

1 — *Portrait de Marie - Adélaïde de France, fille de Louis XV et de Marie Leckzinska, née le 23 mars 1732, morte à Trieste le 8 juin 1799.*

Elle est représentée à mi-corps, presque de face, un manteau rouge garni de fourrure jeté sur les épaules et ouvert sur un corsage de soie rayée blanc et or, corsage décolleté en carré et garni de dentelles. La jeune princesse, un rang de perles autour du cou, est coiffée de cheveux poudrés amusés d'un bijou fait de perles, de pierres et d'une plume bleue. Une natte passe sur son épaule gauche et vient se perdre dans la fourrure du manteau. Le visage est allongé, les joues sont roses; le menton a de la finesse, les yeux sont grands avec des regards aimables, le nez est d'un dessin quelque peu mouvementé, et la bouche, qui craint de paraître trop grande. a un pincement curieux de la commissure des lèvres. La figure se détache sur un fond neutre.

Derrière ce portrait, on lit, avec les dates plus haut reproduites, ces lignes : *Ce Portrait, qui appartenait à M. de Marbeuf, évêque d'Autun, ministre des Bénéfices sous Louis XV, a été acheté en 1788.*

Toile. Haut., 66 cent.; larg., 55 cent.

Cadre de l'époque de Louis XV. en bois sculpté et doré.

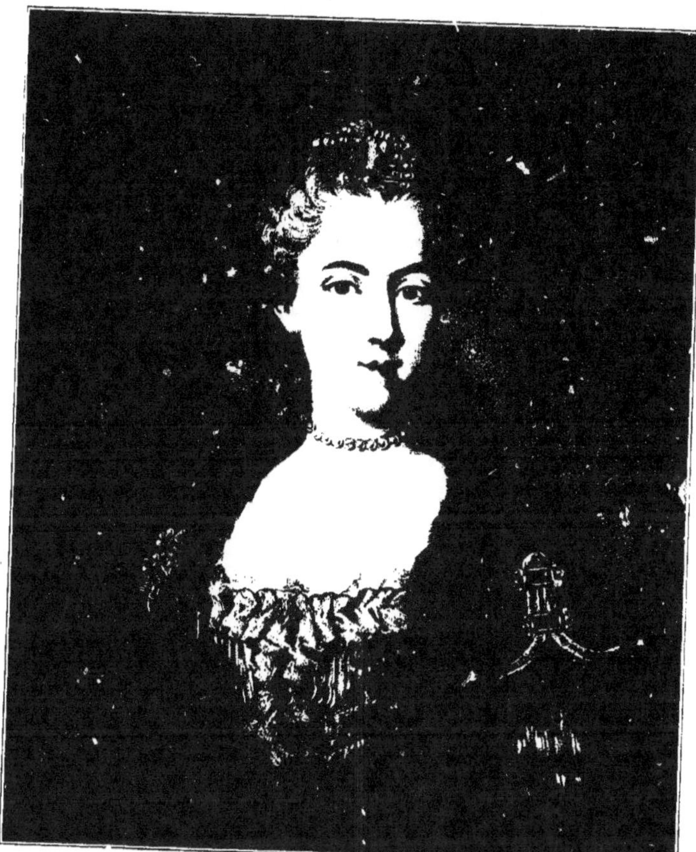

N° 1. — *Portrait de Marie-Adélaïde de France.*

2 — *Portrait de Sophie-Philippine-Élisa-beth-Justine de France*, née le 17 juillet 1731, morte le 3 mars 1782.

Elle parle. Elle est vue de face, la main droite soulignant du geste ce qu'elle dit. Vêtue d'un costume bleu garni de fourrures et de dentelles, elle porte un corsage décolleté, et en guise de collier, un nœud de ruban bleu assorti au costume. Elle a les joues roses, les lèvres épaisses mais spirituelles, les yeux pers avec une légère asymétrie du regard. Sur ses cheveux poudrés elle a piqué un petit bouquet de coiffure en fleurs des champs qui retient deux barbes de dentelle noire descendant, l'une devant l'épaule droite, l'autre derrière l'épaule gauche.

La figure se détache sur un fond neutre.

Toile. Haut., 64 cent. 1/2; larg., 54 cent.

Cadre de l'époque le Louis XV, en bois sculpté et doré.

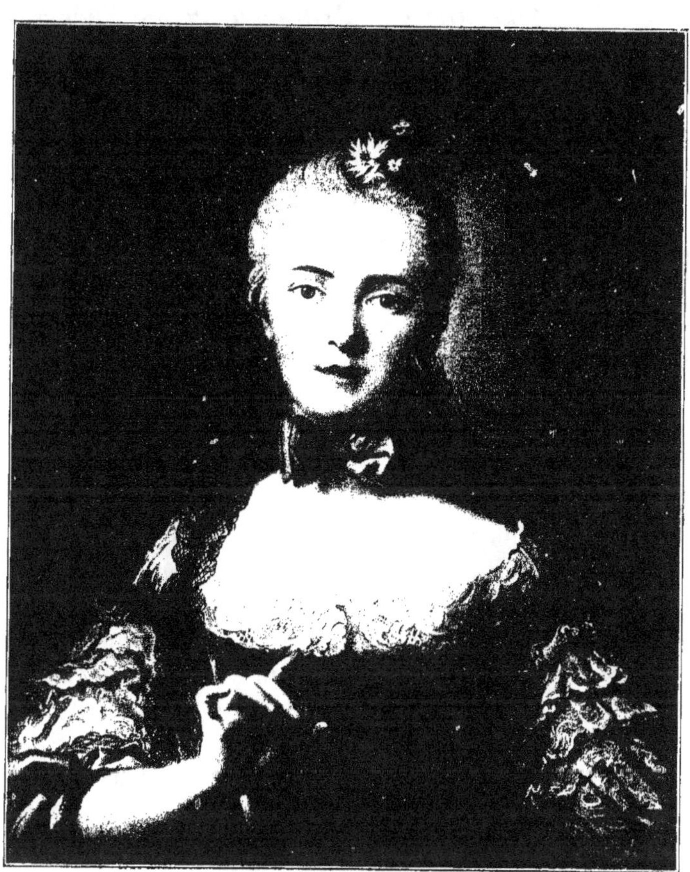

N° 2. — *Portrait de Sophie-Philippine-Élisabeth-Justine de France.*

3 — *Portrait de Marie-Louise-Thérèse-Victoire de France*, fille de Louis XV, et de Marie Leckzinska, née le 11 mai 1733, morte à Udines en 1799.

La jeune princesse est représentée en Flore. Elle est vue de trois quarts à gauche, la tête tournée presque de face. Un manteau bleu jeté capricieusement sur ses épaules et dont elle retient un pan de la main droite, découvre le corsage gris perle, marqué à la ceinture par une torsade d'or, au bas par un rang de perles, à la poitrine par une garniture de dentelle. Elle tient de sa main gauche une couronne de fleurs et sur ses cheveux poudrés elle a coquettement posé un petit bouquet de coiffure aux fleurs bleues, roses et rouges. De sa chevelure, deux boucles s'échappent, qui viennent jouer sur ses épaules.

Le visage rose de la princesse est d'une ligne intéressante. La courbe du visage est délicate et fine et elle tranche sur le dessin très accentué du nez et sur la malice, un peu pincée, de la bouche, qui se relève ironique à la commissure des lèvres. Les yeux sont grands et clairs sous un front intelligent.

La figure se détache sur un fond neutre.

Toile. Haut., 64 cent.; larg., 55 cent.

Cadre de l'époque de Louis XV, en bois sculpté et doré.

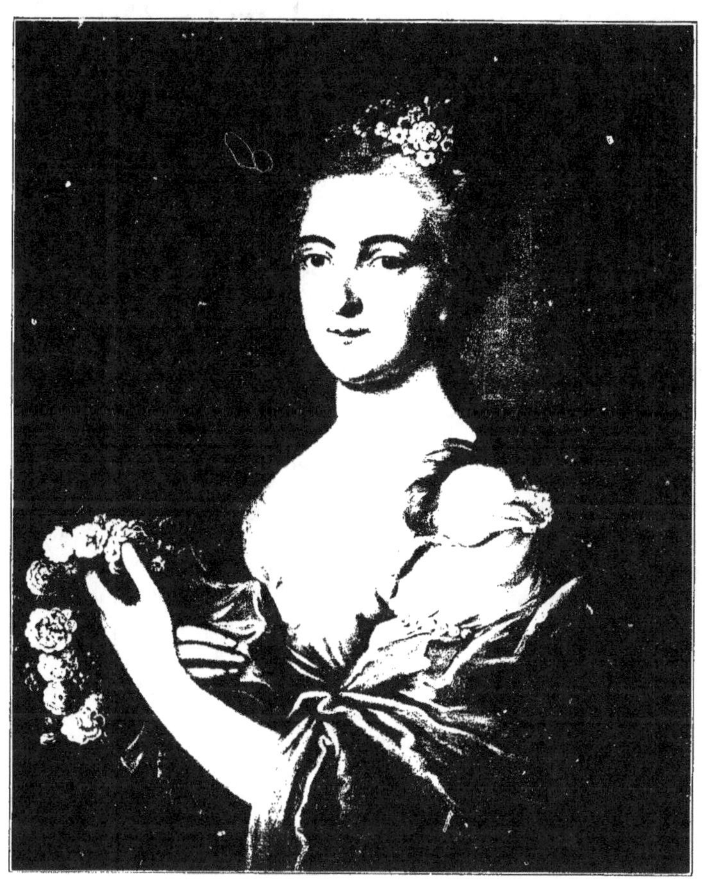

N° 3. — *Portrait de Marie-Louise-Thérèse-Victoire de France.*

4 — *Portrait de Louise-Marie de France,*

Fille de Louis XV et de Marie Leckzinska,
née le 15 juillet 1737, religieuse carmélite le
1ᵉʳ octobre 1771, morte à Saint-Denis le
23 décembre 1787.

Elle est représentée en vestale, mais une vestale qui n'aurait point encore renoncé aux coquetteries humaines.

En costume blanc à rayure de soie, corsage décolleté, un rang de perles autour du cou, elle apparaît, de trois quarts à droite, ses cheveux poudrés portant un voile pareil au costume et formant un cadre de blancheur souple à la tête toute rose.

Le visage est joli, avec un léger plis gras sous le menton; les yeux bruns et tendres, un nez volontaire, une bouche aux lèvres quelque peu sensuelles. A droite au fond, on aperçoit l'autel sur lequel est entretenu le feu sacré.

Toile. Haut., 65 cent.; larg., 54 cent. 1/2.

Cadre de l'époque de Louis XV, en bois sculpté et doré.

Ces quatre portraits des Dames de France, filles du roi Louis XV et de la reine Marie Leckzinska, furent achetés en 1788 à M. de Marbeuf, évêque d'Autun, et sont restés dans la famille de l'acquéreur depuis cette époque.

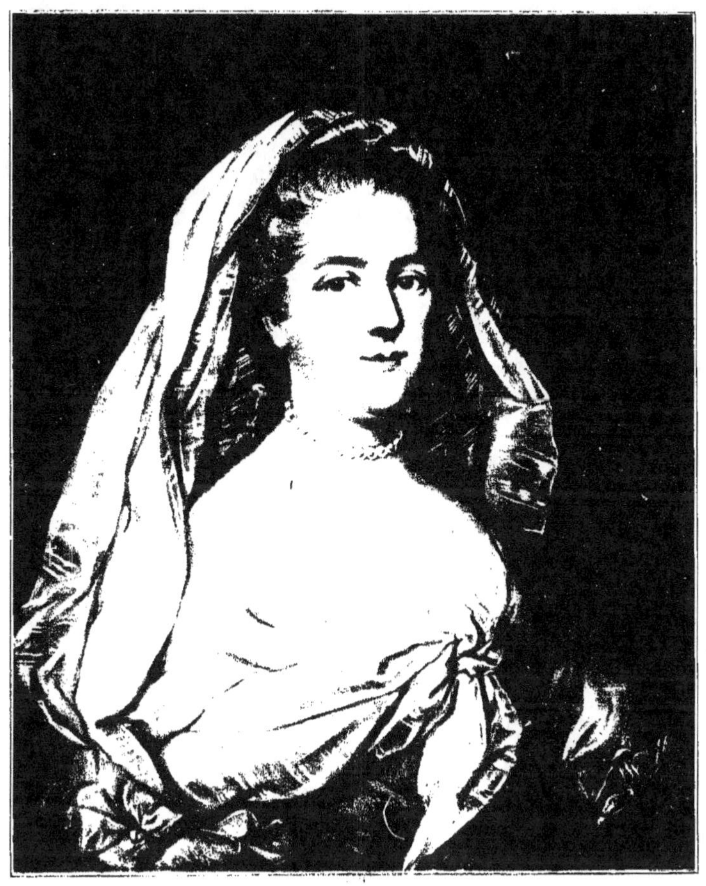

Nº 4. — *Portrait de Louise-Marie de France.*